AF509844

25 CENTIMES.

RÉPONSE AUX PAMPHLETS

LES CONSPIRATEURS

ET LA NAISSANCE

DE LA RÉPUBLIQUE (FÉVRIER 1848.)

AVEC SIX PORTRAITS. — 2ᵉ EDITION.

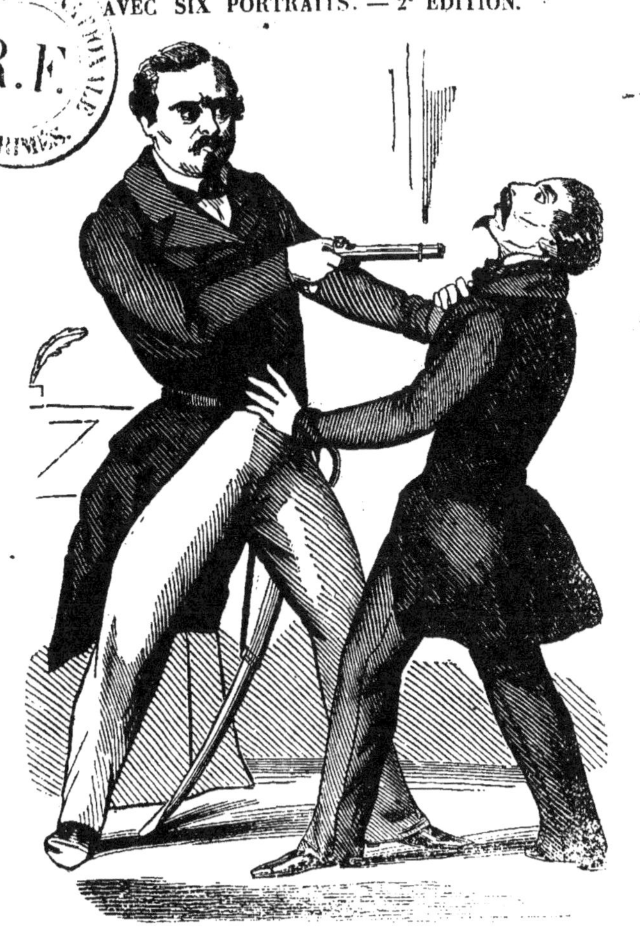

PARIS. 1850

RUE DE LA HARPE, 90. — PASSAGE JOUFFROY, 9. — PALAIS-NATIONAL.

1850

RÉPONSE

AU PAMPHLET

LES CONSPIRATEURS.

Depuis bientôt huit jours on ne saurait s'aborder dans les rues de Paris, sans s'adresser cette question, qui semble être devenue inévitable :

— Eh bien ! avez-vous lu le fameux libelle ?

— Quel libelle ?

— Comment lequel ? vous me le demandez '... Vous ne l'avez donc pas lu ?... Comment vous n'avez pas lu *les Conspirateurs!*

— En effet, j'en ai entendu parler. Mais, dites-moi, que pensez-vous de ce livre-là ?

— Ce que j'en pense ? hum ! hum !

— Beaucoup moins de bien que de mal, n'est-ce pas ?

— C'est bien possible. C'est qu'il y a de certain, c'est qu'il obtient un immense succès Et comment en serait-il autrement ? C'est un scandale en deux cents pages d'impression. Et quel scandale ? un scandale politique, c'est-à-dire le pire de tous.

—Un scandale politique ! que ne le disiez-vous donc plus tôt.

Et notre homme court chez le libraire voisin pour satisfaire la curiosité qui déjà le talonne.

Parisiens, je vous reconnais bien là ; vous serez donc toujours badauds, et toujours flairant le scandale !

Disons bien vite que ce livre serait probablement passé inaperçu s'il n'avait trouvé un appui dans certains journaux qui, sans doute, avaient intérêt à pousser à sa vente.

Prôné par des feuilles d'une certaine couleur, il a été attaqué par des feuilles d'une couleur différente ; il a donné lieu à une polémique des plus ardentes, et voilà comment le scandale a toujours été en grossissant.

Nous ne prétendons ici prendre fait et cause ni pour le citoyen Caussidière ni pour le citoyen Chenu : arrière les personnalités !

Raspail.

C'est un tout autre motif qui nous a engagé à prendre la plume, et ce motif, nous allons tout à l'heure le faire connaître.

Nous venons de parler de l'ardente polémique à laquelle la bro chure du citoyen Chenu avait donné lieu ; on pourra en juger par le quelques lignes suivantes que nous trouvons dans un journal :

« Le hasard d'une révolution, dites-vous, a mis la police de Paris aux ma d'une poignée d'hommes perdus de vices. Dans leur repaire, voisin du ten des lois, ces hommes immondes s'abandonnaient aux plus honteux désordr et, sans autres preuves que le témoignage de l'un d'entre eux, vous nous les montrez le blasphème à la bouche; le poignard à la ceinture, dans le pêle-mêle

Louis Blanc.

de la plus hideuse promiscuité, assis à un éternel repas; ici cuvant l'ivresse du vin, là se ruant en pleine fange de prostitution.

» En bonne conscience, messieurs, y pensez-vous? Et serait-ce demander trop à votre bonne foi qu'un simple retour à ces journées dont la splendeur vous est si odieuse, dont l'immortel renom pèse tant à vos regrets?

» Que s'y passait-il? Un seul d'entre vous pourrait-il se lever et affirmer que Paris, livré à ces hommes sans foi ni loi, ait manqué des conditions de l'ordre le plus complet? Que celui-là se nomme, et nous dise les dangers (réeels) qu'il a courus, l'endroit où des brigands l'arrêtèrent, la nuit où sa maison fut forcée, les insultes auxquelles il fut exposé; bien mieux, l'occasion où sa liberté d'action fut, en quoi que ce soit, violentée ou gênée. Nous serions curieux de savoir de lui si sa femme, sa sœur, sa fille, ont été un seul jour retenues chez elles par le souvenir d'un outrage reçu, par le bruit d'une violence commise.

» Une fois la lutte terminée, une fois le niveau passé sur les barricades, — et même pendant qu'elles hérissaient encore l'extrémité des rues, — a-t-on pu, oui ou non, traverser Paris dans tous les sens, sa femme sous un bras, et un sac d'écus sous l'autre? Voilà une simple question, qu'on y réponde! »

A ceci nous avons une réponse bien simple à faire : En France, les honnêtes gens seront toujours en majorité, et, de tout temps, on pourra traverser Paris sa femme sous un bras, un sac d'écus sous l'autre. Ceci n'est qu'une question de majorité, et, Dieu merci ! les majorités feront toujours la loi ! Elles pourront parfois se laisser surprendre, mais les surprises seront toujours de courte durée.

Mais, nous le demandons, nous aussi : « Où donc est l'utilité de « traîner dans la fange des rues et dans la lie du vin un homme qui, « pendant quatre-vingt jours, a tenu dans ses mains nos destinées à « tous ; un homme qui le 8 juin, après avoir donné sa démission, était

« réélu à Paris avec une sorte d'enthousiasme ; car son nom était le
« premier qui sortait de l'urne électorale, avec 147,000 suffrages
« Quand il était noble de protester, vous avez gardé le silence ; quand
« il serait noble de garder le silence, vous le rompez. »

Et voilà justement ce que nous avons voulu prouver. Il est trop
vrai, pour l'honneur de notre pays, il eût mieux valu que ce livre
n'eût jamais vu le jour. En attaquant l'honneur du citoyen Caussidière avec une telle brutalité, vous faites monter le rouge au visage de
la France. En cherchant à avilir Caussidière, vous forcez cent qua-
rante-sept mille électeurs à reconnaître qu'ils se sont trompés gros-
sièrement. Ce sont là de ces aveux qui nous coûtent, et qui feraient
douter de l'infaillibilité du suffrage universel.

Et puis, le moment est-il bien choisi ? Quand toutes les passions
s'agitent, prêtes à se déchaîner, comme autant de vagues mal conte-
nues, est-ce bien le moment, disons-nous, d'attiser ainsi le feu de la
discorde ?

Faisons de la conciliation. N'est-ce pas la meilleure œuvre que nous
puissions tenter aujourd'hui ? Chacun veut faire de la philantropie à
sa manière ; mais on oublie que la meilleure manière d'être philan-
trope, c'est de renouer la grande chaine sociale que nos dissensions
ont rompue. Celui qui aura trouvé le moyen de ressouder la chaîne,
celui-là aura bien mérité de la France !

Paix aux vaincus ! paix surtout aux exilés ! Ceux-là ne sont-ils pas
assez punis de leurs erreurs par la perte de cette patrie absente, qu'ils
demandent en vain aux rives étrangères ?

L'arbre transplanté loin des climats qui l'ont vu naitre meurt pres-
que toujours ; croyez-vous que le citoyen exilé sera plus heureux que
le jeune arbrisseau qui ne peut s'acclimater ?

Et puis qu'on nous permette ici une supposition.

Nous sommes revenus au temps de Le Sage. Son diable boiteux
existe encore. Il fait encore le métier que vous savez. Comme autre-
fois, il soulève les toits de nos maisons, et ses regards inquisiteurs

plongent sur nous. Point de mystères qu'il ne pénètre, point de paroles qu'il n'entende, point de complots qu'il ne connaisse. Ce diable là porte une casaque blanche; c'est un diable anti-républicain; un diable réac, tout ce qu'il y de p'us réac. Bref, c'est le diable des *Aristos!* Il s'est vendu à eux corps et âme, il leur sert d'espion, d'émissaire, d'historien. Sur ses tablettes; il inscrit chaque jour et chaque nuit, tous les faits et gestes qu'il a pu découvrir, dans l'intention de s'en armer contre cette pauvre république qui n'en peut mais. Les tablettes une fois bien remplies, il se repose en attendant le moment de faire jouer ses machines de guerre, en divulguant tout ce qu'il sait. Cette pauvre république n'a qu'à bien se tenir; le diable blanc s'est armé contre elle jusqu'aux dents.

Un moment! beau diable, un moment! pendant que vous forgiez des armes contre la république, voilà qu'un de vos confrères a forgé des armes d'une autre nature. Ce confrère, lui, n'est pas *blanc*; au contraire, il est *rouge*, rouge foncé. Celui-ci travaille contre les Aristos, il les espionne comme vous avez espionné la république! Vous, diable blanc, vous aviez recuilli d'étranges nouvelles; lui, diable rouge, il prétend en avoir recueilli de plus étranges encore.

Vous, diable blanc, vous avez écrit des mémoires réactionnaires; lui, diable rouge, il a écrit aussi les siens; tous les deux vous viendrez offrir votre marchandise au public.

Mais en vérité, je vous le dis, ces deux diables-là seront de grands maladroits, car le public ne fera pas plus de cas des mémoires de l'un que de l'autre, il les sifflera tous les deux, en leur disant:

— Allez vous faire pendre ailleurs, vous et vos mémoires; le blanc ne vaut pas mieux que le rouge, et nous ne faisons pas plus de cas du rouge que du blanc.

Certes, la leçon serait méritée, et nous serions des premiers à la donner.

Ha! de grâce, messieurs, prenez garde de remuer la fange, vous finirez par éclabousser notre belle France. Maintenant, nous laisserons le citoyen Caussidière se défendre lui-même.

Lettre du citoyen Caussidière.

Londres, 19 février 1850.

A monsieur le Rédacteur des Débats.

— S'il vous est permis de reproduire un libelle élaboré sous les auspices de la police, dans une intention électorale facile à comprendre, il ne vous est point permis, selon les lois de l'honneur, d'accueillir et d'appuyer d'infâmes et absurdes calomnies, qui ne tendent rien moins qu'à déshonorer un pays, tout en stigmatisant ceux qui s'y trouvent désignés.

Je conçois que des feuilles stipendiées pour déverser le fiel des haines politiques sur un parti qui n'a eu pour tort que d'avoir su pardonner et oublier, se soient emparé de cette œuvre et l'aient mise en relief ; mais qu'un journal sérieux comme le vôtre soit tombé dans un pareil guet-apens, c'est ce dont je ne puis me rendre compte.

Caussidière,

En nous reportant à l'époque dont il est fait mention dans le livre que vous relevez par votre assentiment, nous pourrions rencontrer un tout autre langage dans les colonnes de votre journal. Je n'étais point alors une espèce de monstre jeté par la vague révolutionnaire à la première édilité du monde. J'étais bien réellement un *magistrat attentif, soigneux de l'ordre, prévenant les collisions, âpre au travail, et cherchant à rendre la justice à tous.*

Aujourd'hui tout est donc changé parce que je suis proscrit; l'un oublie toute dignité à mon égard, cela ne m'étonne pas de la part de ceux qui ont fait *cette œuvre historique, selon vous*; mais ce qui m'étonne, c'est que vous en soyez devenu le *panégyriste* et *l'admirateur.*

Le sieur Chenu sait à peine lire et écrire. Il a été condamné à huit ans de travaux forcés pour vol et assassinat dans son régiment, comme contumace. Il n'est pas l'auteur de son livre.

Il vint se cacher à Paris, et, découvert par la police, il ne fut point envoyé au bagne. parce que M. Pinel l'employait comme agent provocateur secret, notamment dans l'affaire des bombes, où il fit emprisonner et condamner plusieurs personnes. J'ai dû le chasser de la Préfecture : de là sa haine, ses menaces et même ses tentatives d'assassinat sur ma personne.

M. Allard pourra certifier les faits que j'avance: je n'ai pas besoin d'ajouter que devant un tribunal j'en fournirai les preuves.

Agréez mes salutations.

CAUSSIDIÈRE.

PROTESTATION

DU CITOYEN PORNIN.

Au citoyen rédacteur en chef de la LIBERTÉ.

« CITOYEN ,

« Depuis quelques jours, les feuilles réactionnaires, la *Patrie* en tête, comme cela lui convient, remplissent leurs colonnes des extraits d'une infâme brochure, lancée au milieu des élections par le même main qui couvrit, l'année dernière, les murs de Paris des affiches Vaute. « Salissons, salissons! il en restera toujours quelque chose! » disent les hommes de la police; et ils ramassent la boue de leur sentine pour la jeter sur les patriotes.

« Citoyen rédacteur, en attendant que les républicains, que le sieur Chenu a essayé de souiller au contact de sa plume, puissent élever la voix pour dénoncer à la conscience publique l'ignoble machine de guerre inventée par le chef des janissaires du royalisme (la plupart de ces républicains sont dans l'exil ou sous les verroux), je viens déclarer hautement, en plein soleil. pour ce qui me concerne, que le complaisant signataire du libelle des *Conspirateurs* a menti, menti, trois fois menti! Aucun des faits qu'il m'attribue ne repose sur l'ombre d'une réalité; faits monstrueux dont l'idée même ne pouvait naître que dans l'imagination d'un esprit corrompu, et descendu au dernier échelon de la dégradation humaine.

« Comment! c'est aux Parisiens qu'on ose présenter un pareil tissu de mensonges, aux Parisiens spectateurs ou acteurs du grand drame de Février, et qui n'ont pas oublié la sollicitude, le courage des citoyens qui se dévouèrent bravement au maintien de l'ordre, lorsque la Révolution du mépris eut balayé tous les fonctionnaires gangrenés de Louis-Philippe! Il me répugne de parler de ce que j'ai pu faire; mais j'invoque le témoignage de M. Trevet, directeur du dépôt de la préfecture de police en 1848 (aujourd'hui directeur de la prison de Villers-Cotterets), il pourra dire à qui les employés de la Préfecture, encore en fonction, et plusieurs gardes municipaux ont dû la vie dans la journée du 24 février. J'étais leur prisonnier ; je devins leur libérateur.

« Non, ce n'est point pour Paris que ce pamphlet a été écrit ; mais on compte sur cette œuvre de débauche pour effrayer et égarer la province. Misérable expédient ! Un gouvernement est jugé, qui est réduit à descendre si bas.

Fort de ma conscience, fort de ma vie passée, de ma vie privée, comme de ma vie publique, je détourne la tête et laisse dans la fange le sieur Chenu. Je m'adresse à tous les honnêtes gens. Non, il n'est point vrai, citoyens, que les scènes dégoûtantes, dont la *Patrie*, le *Constitutionnel*, les *Débats* et le reste ont savouré les reliefs, se soient passées à la Préfecture de police, sous l'administration de Caussidière ; non, il n'est point vrai que vous ayez été un moment sous la menace d'une nouvelle terreur ; il n'y a plus de possible aujourd'hui qu'une *terreur blanche*, et celle-là, ce n'est point de nous qu'elle arriverait ; non, ces visites à Saint-Lazare, ces orgies, ces saturnales n'ont pas eu lieu ; je mets au défi M. Carlier lui-même, qui doit porter quelque intérêt au sieur Chenu, de faire publier dans la *Patrie*, son organe habituel et officiel, une seule preuve à l'appui du moindre des faits que renferme la brochure intitulée : *Les Conspirateurs*.

« Que les honnêtes gens, les pères de famille se rassurent donc ! Les monstres que l'on a fait défiler sous leurs yeux ne sont qu'une *fantasmagorie électorale*. Les démocrates n'ont point corrompu la société, messieurs les royalistes ! Ils ne volent pas à la Bourse ; ils ne font pas retentir les tribunaux des éclats de leurs amours adultères ; leurs Cubières et leurs Praslin sont encore à venir ! Et ces malheureuses filles du prolétaire, jetées dans l'égout de Saint-Lazare, et qui jouent un rôle si important dans le roman-Chenu, le Peuple sait dans quelle classe se trouvent les hommes qui sacrifient à leur débauches, qui les ont arrachées du sein de leurs pauvres familles, pour en faire d'abord des femmes entretenues, ensuite des prostituées...

« Salut et fraternité.

« PORNIN,

Certificat du chef de bureau de la justice militaire.

M. Chenu (Jacques-Étienne-Adolphe) a servi dans le 11ᵉ régiment d'infanterie léger. Il a été congédié avec certificat de bonne conduite, le 9 décembre 1844. Il a jamais été mis en jugement pendant le temps durant lequel il a été sous les drapeaux.

« Signé CHÉNIER.

Après avoir lu la lettre du citoyen Chenu publiée dans les journaux, après avoir surtout parcouru l'original des deux pièces émanées des bureaux de la guerre, et qui constatent qu'aucune condamnation n'a été prononcée contre lui pendant tout le temps qu'il a passé sous les drapeaux, après cette double lecture, disons-nous, il nous paraît difficile qu'on puisse ajouter foi aux accusations du citoyen Caussidière.

Où donc chercher la vérité ? nous viendra-t-elle de Londres, ou la trouverons-nous à Paris ?

Pauvre Paris ! ton vaisseau, en quittant le port, savait-il sur quelles mers inconnues il allait te lancer ?

Nous le répétons ici, en écrivant ces quelques lignes, une pensée de *Conciliation* seule nous animait; oui, donnons-nous tous la main, pour ramener le vaisseau dans le port.

Le citoyen Chenu semble nous promettre une nouvelle série de chapitres, fermons plutôt le livre, il en est temps.

Blanqui.

RÉPONSE AU PAMPHLET

DE

LUCIEN DELAHODDE.

Nous espérions en être quittes avec le libelle de M. Chenu ! inutile espoir. Nous comptions sans notre hôte et sans Lucien de la Hodde. Il est vrai que ce nouveau libelle ressemble fort au premier. Raison de plus pour qu'il n'obtienne pas le même succès. Si les plus courtes olies sont les meilleures, à notre avis, un scandale prolongé ne valut jamais rien. Soit drame, soit comédie, on aime à voir l'acteur changer de costume ; et le costume de M. Lucien de la Hodde ne diffère guère de celui de M. Chenu. Cette ressemblance ne doit pas nous étonner ; ils sortent tous les deux de la même fabrique.

Décidément la rue de Jérusalem est devenue *bas-bleu*! Et quel bas-bleu? Qu'on le juge par cet aveu que l'auteur met en tête de son article. :

« Je résolus de pénétrer au plus profond des sociétés secrètes, d'en
« prendre la direction, et puis , par une tactique de temporisation et
« d'isolement, d'arriver peu à peu à les énerver et à les dissoudre.
« Pour cela, j'avais besoin de m'entendre avec la police. — *Je l'ai*
« *fait* !! »

Il est vrai que l'auteur veut bien nous avouer qu'*il ne se glorifie pas de ce rôle*.

Nous l'en croirons sans peine !

Ce préambule de M. Lucien de la Hodde nous semble passablement maladroit. Tout mauvais cas est niable. Le mensonge fût-il moralement et physiquement impossible, vaudra toujours mieux que *certaines vérités*.

« Je demande aux hommes de paix et de justice d'oublier ma per-
« sonne, et de ne voir que mes intentions et les faibles services que je
« mets à leurs ordres. »

Après avoir entendu cette espèce de confession, nous avons été tentés de fermer le livre, par le dégoût qu'il nous inspirait. Mais l'auteur nous offrait ses services. Voyons donc les *services* de Lucien de la Hodde !

Dans le premier, le second et le troisième chapitres, nous trouvons de longs détails sur les *sociétés secrètes* ; de là, l'auteur nous conduit dans les bureaux du journal la *Réforme*, qu'il intitule un *Journal affamé*.

On jugera du style de l'homme par les lignes suivantes :

« M. Baune a une figure cramoisie et vineuse, M. Grandmesnil « une face flasque et vineuse avec des lèvres gloutonnes ; ces deux or- « ganisations ne pouvaient lutter avec celle de M. Flocon, qui a la peau « décharnée et jaune. Mettez ensemble du vin, des truffes et du fiel, « ce dernier aura bientôt fait tourner les deux autres. »

Que pensent ces messieurs de cette métaphore culinaire, digne de Brillat-Savarin ? Du fiel, des truffes et du vin ! Lecteur, qu'en pensez-vous ?

Au milieu de tous ces personnages qui défilent sous nos yeux comme des bons hommes de carton dans une lanterne magique, nous avons remarqué la silhouette du citoyen Sobrier, dont le dernier mot en politique était qu'il fallait tout *guillotiner*, en socialisme tout *brûler*. Il est vrai que l'auteur finit par nous avouer que Sobrier n'est rien moins qu'un homme féroce, que c'est plutôt un maniaque qui ne comprend le patriotisme qu'avec des airs massacrants ; un homme enfin plus digne d'une application de douches, que d'une application des articles du code.

Dans le chapitre v, de la Hodde nous fait assister au massacre du boulevard des Capucines. « Il y avait, dit-il, complot pour imprimer au front du pouvoir une tache de sang horrible, et les hommes du complot ont pris ce sang dans la poitrine du peuple ! Voilà la vérité. » Puis viennent les tombereaux chargés de cadavres et faisant leur funèbre pèlerinage sous les fenêtres des journaux le *National* et la *Réforme*.

Quelques pages plus loin, l'auteur nous raconte que lorsque Etienne Arago vint annoncer la retraite des troupes, Flocon s'écria : — Si on s'en tient au cri de réforme, et qu'on ne montre pas trop tôt l'oreille de la république, la partie est gagnée.

A quoi Arago aurait répondu : — On peut dire que la république nous vient en dormant.

— Rien de plus vrai, ajoute de Lahodde, l'auteur véritable de la république ; c'est la monarchie qui lui a cédé la place.

Sur la place du Palais-Royal, les soldats s'étaient enfermés dans le Château-d'Eau, où ils combattaient avec une bravoure désespérée ; comme ils refusaient de se rendre, un insurgé eut une idée horrible :

— Il faut les griller ! s'écria-t-il ; allons chercher des bottes de foin, et mettons le feu au bâtiment.

L'exécution suivit les paroles, et quand on pénétra dans le poste, n y trouva cinquante victimes sur le carreau, incendiées et trouées de blessures.

L'auteur nous apprend que le 26 il fut expédié aux Invalides avec ordre d'arrêter madame la duchesse d'Orléans.

—J'avais pris mes mesures, dit-il, et je l'eusse sauvée si elle s'y était trouvée ; mais la duchesse avait déjà quitté Paris.

Faisant un retour sur le livre de Chenu, de Lahodde avoue que Caussidière valait beaucoup mieux que son entourage ; que sans instruction, il peut se tirer d'affaire dans bien des cas, à l'aide d'une certaine finesse que son air de bonhommie ne laisse point soupçonner. Il avoue que Caussidière a cherché à remettre un peu d'ordre dans Paris ; il nous le montre au 15 mai, aidant au mouvement, mais de mauvaise grâce, parce qu'il voyait dans Raspail et Blanqui des concurrents redoutables. Mais aux affaires de juin ce fut différent ; alors, dit-il, il servit l'insurrection de toutes ses sympathies, si ce n'est de sa bravoure. Nul doute que la république sociale ne l'eût choisi pour son chef en cas de succès. Ainsi le héros de l'épopée Chenu serait devenu le maître de la France.

Concluons :

Le livre de Chenu est une Satire Ménippée contre l'ancien préfet de police; le libelle de de la Hodde s'adresse bien plutôt aux faits qu'à l'homme. Sans doute, par un reste de pudeur, il n'aura pas voulu traîner dans la fange celui qui lui avait donné sa confiance, et qu'il trahissait.

Grand Dieu! dans quel siècle vivons-nous! Trahir l'homme qui nous a fait asseoir à sa table, qui nous a livré ses secrets, le trahir indignement, et de cette honteuse perfidie devenir le propre historien, n'est-ce pas pousser le cynisme jusqu'à la folie?

Judas, après avoir trahi son maître, songea-t-il donc à écrire ses mémoires?

Si le mensonge est une *négation* de la vérité, souvent la vérité est une négation de la pudeur!

L'auteur de la *Naissance de la République* nous prouve qu'il est en France des gens qui ne savent pas rougir! Il a voulu *mettre à nos ordres* ses faibles services; nous doutons que le public lui en ait une bien grande reconnaissance.

Le public est quelquefois si ingrat! Il veut bien qu'on le serve, mais il n'entend pas qu'on le fasse rougir. Tout service est à discuter : nous avons donc usé de notre droit en discutant les services de Lucien de la Hodde.

FIN.

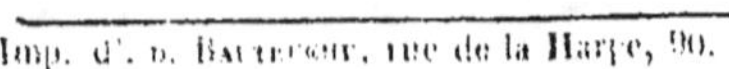

Imp. d'. D. Bautruche, rue de la Harpe, 90.